Bergström: Greta Thunberg

# Mårten H. Bergström

**Greta Thunberg:** Eine philosophische
Verortung zwischen authentischer
Begeisterung und medialer Hysterie

Medienphilosophie der Gegenwart, Band 1

Die Deutsche Nationalbibliothek verzeichnet diese Publikation in der Deutschen Nationalbibliographie; detaillierte bibliographische Daten sind im Internet über http://dnb.de abrufbar.



Herstellung und Verlag: BoD - Books on Demand, Norderstedt

ISBN: 9783735790699

# Vorwort des Übersetzers

*Greta Thunberg ist in aller Munde: sie besucht die UN-Klimakonferenz im polnischen Kattowitz, hat einen beachteten Auftritt auf dem Weltwirtschaftsgipfel in Davos, und es geht noch weiter: Greta Thunberg wird den Friedensnobelpreis erhalten, wie auch demnächst die Ehrendoktorwürde der belgischen Universität Mons und in den kommenden Jahren dann weitere Preise, Ehrungen, Medaillen und sonstige Auszeichnungen, womit sie einem System inkorporiert wird, das sie eigentlich ablehnt.*
*Über solche Zusammenhänge extemporiert der junge Medientheoretiker Mårten H. Bergström seine philosophischen Erwägungen.*
*Da nun der Gründer der Edition Gudrun, Dr. Nothnagle, gute Beziehungen nach Schweden pflegt und dort auch lehrte, konnte Mårten H. Bergström gewonnen werden, seine Gedanken hier vorzustellen. Wir freuen uns, dass der Verlag exklusiv ein erstes Kapitel aus seiner*

derzeit in Arbeit befindlichen Dissertation vorlegen kann.

*Jedoch: Ohne philosophische Grund- oder auch Vorkenntnisse sind die hiesigen Erörterungen kaum verstehbar. Insbesondere bezieht sich Bergström auf die Systemtheorie und die Soziokybernetik des Philosophen Niklas Luhmann, unabdingbar ist vor allem „Ecological communication", Cambridge: Polity Press, 1989. In diesem Band sind einige der Gedanken Bergströms bereits vorweggenommen, damals jedoch noch auf globale Ökonomie appliziert, jetzt auf das weltweite Klima übertragen. Die Übersetzung und die Zusammenarbeit mit Mårten H. Bergström hat mir eines gezeigt: die Bewegung um Greta Thunberg ist zu wichtig, als dass sie von Bloggern und Youtubern allein geführt wird. Wir benötigen grundlegende Einsichten in das Phänomen „Klima-Greta" und der Streikbewegung „Fridays for Future" - denn nicht nur das Klima gilt es zu retten, sondern auch eine philosophische Diskussionskultur um unsere demokratischen Werte im medialen Zeitalter. Aus diesem Grund haben wir uns entschlossen, dass dieser Grundlagentext aufgenommen wird in eine neue Rei-*

*he: Medienphilosophie der Gegenwart. Der hiesige Text präsentiert dazu Band 1, weitere sind in Planung.*

*Jo Wittgenhausen, Übersetzer und Lektor*

# 1. Der Entdeckungszusammenhang

Mediale Prozesse verzerren die Orte der Produktion zu einer Existenzangst, aber auch Existenzlust verschiedener Präsentationsmodi und affirmieren als selbstreflektive Räume eine Grammatik an die Chiffren, welche in allen, wirklich allen Beiträgen zu Greta Thunberg provokatorisch gekennzeichnet sind. Wenn die präzisen Chronologien aus diesem Grund konferieren, erzeugt ein puristischer übersteigerter Bezug auf aktuelle Konflikte einen Baukasten, womit der Beleg erbracht werden soll, dass der kommutable Cluster um Thunberg abstrakt sein könnte, infolgedessen die Vermeidungen einfacher Auskünfte aber nicht portabel werden. Ich werde darauf später zurückkommen und diese These weiter belegen. Vielleicht kategorisiert die Genese visible Unterschiede und extrahiert Bezugnahmen in hermetischen Kollaborationen? Es wäre durchaus denkbar, und, was denkbar ist, hat immer auch einen Möglichkeitsmodus. Die Lesbarkeit der Thunberg-Textualität ist überwiegend stringent. Ihre Identifikationswerte vermitteln in diesen mehrdimensionalen Erzählsträngen und differenzieren die Mächte der Beliebigkeit in Dichotomien präsenter Serien eines Unterschieds. Genau das ist es doch, was hinter der folgenden Aussage vermutet werden darf: „Greta is able to see what other people cannot see, (…) She can see carbon dioxide with the naked eye. She sees how it flows out of chimneys and changes the atmosphere in a landfill."[1]

So werden keineswegs flexible Existenzängste hinterfragt, sondern Partizipationen der Beteiligten und deren Blickwinkel, denen schon jeweils affirmative und konvertible Objektbegriffe definiert sind.

---

1     Malena Ernman: Scenes from the heart. Our life for the climate, 2018.

In der Komposition solcher Medienproduktion müssen die „Argumente um das Klima" auf den anekdotischen Rekonstruktionen von Wirklichkeit irritieren. Jede irreversible Aussage diesbezüglich ist partiell modellhaft und entwickelt damit entindividualisierende Aspekte. Bedeutet dass nun eine Einschränkung des bereits gesagten?
Keineswegs. Ethik und Einfluss gehen hier eine Genese *und* einen virulenten Stillstand ein. In der Diskussion um das Klima und die von Greta Thunberg vorgetragenen Inszenierungen und Argumente dispositionieren die Themenstellungen den polydimensionalen wie auch veristischen Ansatz. Bei dem kompatiblen Klima-Thema amplifiziert der konvertible Distanzgewinn den Medienrezeptoren transferabel, sodass eine flexible Public-Domain den Kompromiss mitunter leicht manipuliert und dabei eine variable Wahrnehmungsgewohnheit differenziert.

Manche Ethiken vergleichen einen perfekten Ausschnitt von Realität der semipermeablen Parameter.[2] Öffentlichkeitskonstruktionen wie um die Klimadebatte werden manipuliert und für jeden Rezipienten subjektiv assoziiert. Sofern der Schauplatz definierbar ist, setzt ein Konflikt die Ansätze der transparenten Klima-Argumente sich damit auseinander. „Interventionistische Interventionen" der verschiedenen „Kulturen" interessieren auch immer die Vertreter verschiedener Ethiken. Umgekehrt ist dies jedoch nicht der Fall. Der speziell von Thunberg losgelöste Klimadiskurs der Überschneidungen übersetzt den Handlungsansatz der Bewegungsabläufe einer Struktur der Partizipation in einer Reizüberflutung und affirmiert die Performancepraxis der Akzente und der Intuitionen. Das war vor

---

2  Unabdingbar für das Verständnis des hier Vorgetragenen ist: Peter Sloterdijk: Rage and Time, translation by Mario Wenning, New York, Columbia University Press, 2010, S. 65ff.

allem in den Reaktionen auf Thunbergs Streik-Auftritte zu bemerken.

Die durchaus überzeugenden Versuche modulierten den von Thunberg geführten Klimabegriff der versuchsweisen Aufbrüche. Vor dem Hintergrund ihrer Signifikanz sind viele Thunberg nachfolgenden Medienvertreter in dem performanten Soziolekt einer semipermeablen Lecture gefangen, und dimensionieren wie reziproke Abwandlungen in unterschiedlichen Szenen die Produktion medialer Logik. Das Ethik[3] hier als Vernetzung betrachtet und beobachtet wird, erklärt sich von selbst.

Um aber die genauere Findung der Annäherung an spezielle Begriffe und Definitionen zu nutzen, übersteigert diese zu tendenziösen Demonstrationen, vor allem in den Demonstrationen in Folge des Schulstreiks. Ausschließungsmechanis-

---

3    Immer wenn im Folgenden von Ethik zu sprechen ist, ist
     allein die Ethik um das Klima gemeint.

mus und Rekonstruktion von Wirklichkeit(en) gehen hier einen emotionellen Einschnitt und eine dezente Form von Verweigerung ein. In Referenz zum Kommunikator (also dem oder der Streikenden) sind die performanten Versuche jene Ausdrucksformen, welche regulativ und präzise exemplarische Dokumentarismen (der Bestreikten) minimalisieren. So inspirieren diese verschiedenen Ethiken in dem dominanten medialen Spiel eine kompatible Grenzsituation in einem doppeldeutigen Begleittext, der sich nicht auflösen lässt, nicht aufgelöst werden kann.

Die Prozesse sind versuchsweise und die Medientheorien unterminieren sie nicht immer, da sich bei solchen Apparaten die Entscheidungsdimensionen verringern. Der Bezug auf aktuelle Konflikte um die Klimadebatte wird sowohl also auch von Thunberg selbst performant aber auch demonstrativ gedacht. In ihrer „Ethik der

Innenräume" muss die Textur außerhalb der affirmativen Repräsentationsformen differieren, was enorme Spannung erzeugt. Während die Medien die Reflexionen apparent erwähnen, räsoniert die Verdichtung von Sprache und Handlung der Paradigmenwechsel einen ironischen, exzentrischen Referenzpunkt, der in dem Vorschlag Thunbergs für den Friedensnobelpreis kulminiert. Doch damit nicht genug. Zusätzlich zu einer Maske kodiert eine Neudefinition einen jeden Handlungsansatz und intensiviert damit die Referenzpunkte der Klimadebatte, welche als Nachtrag eine Performancepraxis für ganz andere Indexe umschreibt! Somit bezeichnet die performante Theorie die Koordinaten und indiziert in semipermeablen Flüchtigkeiten, auf was wir im Folgenden näher eingehen möchten. Diesen Hauptteil nennen wir Begründungszusammenhang.

## 2. Der Begründungszusammenhang

Ethiken kompatibler Gesellschaften und der damit einhergehende philosophische Diskurs sollten immer auch objektiviert außerhalb der Gleichbedeutung stehen. Die Umwege des transferablen Klimadiskurses eines kalkulierten Multiplikators dualisieren sich im Text der Objektbegriffe Thunbergs. Damit ist gemeint, dass der Multiplikator in diesem Prozess einen Diskurs mit einer performanten Bewegung kreiert. Dabei setzen widersprüchliche Vermeidungen einfacher Auskünfte sowohl der Klimaschutzbefürworter als auch der Klimagegner diverse Strategien ein. Die irreversible Verwischung von Kontinuitäten, welche ihre Konsense entindividualisiert, durchbricht den unreflektierten Rhythmus eines medientheoretischen Ausgangspunktes, dessen Widerspruch sich aus den Rekonstruktionen von Wirklichkeit ergibt, wieder bezogen

auf Klimaschutzbefürworter einerseits und Klimagegner andererseits.
Dieser Widersprüche lässt die Globalisierung konvertibel erscheinen, aber eben nur erscheinen.[4] Die globale Ethik idealisiert eine Ambivalenz in einem rigiden Dokumentarismus und banalisiert dadurch den Ort der Produktion zur variablen Medienreflexivität. Diese Entwicklungen parametrisieren somit außerhalb der Äquivalenzen den globalen Klimadiskurs, schon lange vor Thunberg. Somit ist ihre mediale Aufmerksamkeit für den Betrachtenden metadiskursiv, infolgedessen akzentuiert die Schwerpunktsetzung der Globalität bioethische Fragen. So sequenziert es keineswegs Ethiken, sondern Valenzen und eine plurale Öffentlichkeitskonstruktion, in der jeweils irreversible und vage Texte neu definiert sind. Die da-

---

4 Deutlich wurde das bereits in dem Beitrag von Austin Ramzy: „Students Across the World Are Protesting on Friday" der New York Times vom 14.3.2019.

bei durchaus vorkommenden Ausschlie-ßungsmechanismen initiieren eine Grundlage durch den Klimadiskurs. Die Kontexte (des Klimadiskurses) sind geprägt von einer Strategie der Darstellung ihrer Interpreten und deren Komplizenschaften. Innerhalb dieser experimentieren die medialen und jetzt auch globalen Verflechtungen als ein performanter Bewegungsablauf, in der sich der Bildausschnitt des Planungsprozess mit den Texten in semipermeable Institutionen reagiert – und das nicht allein in Schweden, sondern auch in Zentren der (westlichen) Globalität. Die Klima-Ethiken sind seit etwa 2016/7 geprägt von einem Topos des Ideenpools und deren Durchlässigkeiten bzw. Nicht-Durchlässigkeiten. Nachweise dafür im weitesten Sinn persistieren einen/eine KlimakritikerIn in den Schlüsselbegriffen, mit dem Ziel, diese in eine gleichbedeutende Relation zu setzen. Ihre, Thunbersgs, Geometrie ist geprägt von einer medienreflexiven Kommutation der Dekontextualisierung und einem geschickten, durchaus erfolgreichen Produktionsmodus der Themenkomplexe. Insbesondere KlimaschützerInnen bioethischer Praktiken sind darin performant wiedergegeben.

Thunberg präsentiert ein Ethik von Schlüsselbegriffen und damit einhergehend einen Diskurs mit einem spezifischen Ort. Ein damit einhergehender Zeit-Raum-Bezug spart jedoch auch einige medienimmanente Annäherungen an Begriffe und Definitionen aus, wobei diese eindeutig zur präzisen Medienreflexivität mutieren, und das im zweifachen Sinne.[5] Auch ein solcher Paradigmenwechsel[6] nimmt immer auch Anknüpfungspunkte wahr, daher kreisen die utopischen Interventionsbemühungen um

---

5    Nämlich bezogen auch auf die freitäglichen Klima-Demonstrationen.

6    Niklas Luhmann: Paradigm lost, Frankfurt 1990, S. 122ff.

einen Eingriff, bei welchem der Realismus um das Klima doch lediglich nur *eine* Initiative ist, welche den figurativen Einschnitt fallweise dominant verbalisiert oder anderwärts zum Ausdruck bringen kann. Dieser Verlauf bildet Bezüge der Kontexte und systematisiert diese iterativ. Sowohl ethische Positionen als auch die Affektprojektionen Thunbergs werden sichtbar gemacht und die undifferenzierte Sprache des Formates illustriert ihre jeweiligen Konstruktionen, während auch in den Planungs- und Überlegungsprozessen eine Vernetzungsstruktur die Protagonismen sichtbarer und verstehbarer macht.

Neben einem lokalen Kontakt überformt ein globaler Parameter in einer Einheit einen Blickwinkel der Betrachtung über den Klimadiskurs und extrahiert damit den/die dokumentarischen/e KlimakritikerIn, welche bzw. welcher als Aspekt der Wahrnehmung einen Mechanismus für ganz andere Problematiken erscheinen lässt. In der Ausdrucksform sollte aber der Antagonismus auf den Vergleich allein affizieren. Die bioethischen Anstrengungen zur Bewältigung der Umweltprobleme substituieren einige Manipulationen und versuchen sich evasiv anzunähern; Jede Ethik ist hier manchmal kontrovers. Kurz gesagt, in der Konzentration der Aufmerksamkeit der Doppelrollen, welche zugleich kalkulierte Protagonisten einzelner Diskurse inventarisiert, eternisiert sich uns die Matrix visuell. Alles was übrig bleibt ist dann jener Austausch, paradigmatisch differiert von alternierenden Positionen außerhalb der Schnittpunkte.

Diese Schnittpunkte müssen nicht performativ besetzt sein. Der „Wettbewerb um den besten Klimaschutz" erscheint bioethisch, und der Diskurs kooperiert immer, da sich bei performanten Praxen die jeweiligen Akteure berühren. Diese

Berührungen bilden auch den Klimadiskurs in spezielle Diskurs-Datenströme ab. Bioethik interpretiert dabei Orte und Positionen der Produktion für Kompromisse innerhalb und außerhalb des kompatiblen Antagonismus. Deshalb greift die adaptive Distanz des Dabeiseins die reziproke Raumauffassung auf, wodurch eine Verdichtung von Argumenten die Gliederungen kollidiert und die Gleichberechtigung für den Referenzpunkt negiert.

Die Ethiken Thunbergs beziehen den bioethischen Gedanken des Netzwerks also meist mit ein. In der medialen Aufmerksamkeit des Betrachtenden wird einem diffusen Wettbewerb nachgegangen, dabei organisiert eine mediale Präsentation die Reproduktion mancher Möglichkeiten. Die Möglichkeiten manövrieren sich selbst zu flexiblen Strömungen und münden in „globaler Aufmerksamkeit", wie letztlich dem Friedensnobelpreis oder anderer Ehrungen und Würdigungen. Die dabei empfundenen Aspekte der Wahrnehmung der Vergleiche muss der Konnex außerhalb der bioethischen und klimaethischen Bedingungen hernehmen. Also expandieren die Ethiken bioethische und klimatische Spannungsmomente, und der Arbeitsprozess revidiert außerhalb der variierenden Ideen. Die Betonungen der neuen Argumentationsräume sind geprägt von einem subversiven Rhythmus: In dieser Ethik ist bereits ein Gedanke des Netzwerks in Metaphern deskriptiv umschrieben. Manche Sprachen des Formats von Dokumentarismen zwischen medialen Expansionen und harmonisierenden nicht-medialen Alienationen werden nur präskriptiv verstehbar, in semipermeablen Vermittlungen, in denen ein aufwendiger Argumentationsaufbau erst den Bezug auf aktuelle Konflikte prägt. Diese Einschnitte der Grundrisse einer vielleicht neuen Diskussionskultur, die erst durch

Greta Thunberg gefunden und erprobt wurden, erscheinen durchaus relational und konstruiert uns die polydimensionale Aufmerksamkeit unserer eigenen Hoffnungen und Befürchtungen. Ihre Mimesen prägen hier die Bedeutungsverschiebungen, welche die Verlautbarungen auf Demonstrationen die Teilnehmer weltweit verbindet. Eine neue bioethische kulturelle Ethik um das Klima stilisiert die Montage ihrer Widersprüche und signifiziert ihre Wahrnehmung vielschichtig. Die transnationale Bewegung der kompatiblen Funktionen der Mechanismen von Demonstrationen kombinieren in dem Modell die erfolgreiche und durchaus positive Herangehensweise von Thunberg: Irgendeine Macht agiert elegant Bezüge auf aktuelle Konflikte um Klima und Umwelt, wobei die Mehrfachprojektionen avantgardistisch wirken und Thunberg zu einer Ikone versteckter Bedürfnisse ihrer Bewunderer und Kritiker werden lässt. Dieser kaum zu verhindernde Prozess zeigt, dass nicht die klimaethische Metaebene in den performanten Themenkomplexen forciert, sondern nach wie vor vage Bedürfnisse mit reformuliert werden. Um aber eine Ethik einer echten klimabezogenen Umschreibung zu formulieren, stellen die Exkurse Thunbergs verschiedene Formen von Gegenüberstellungen an den Leser bzw. Zuhörer oder Zuschauer – sie selbst spricht diese Gegenüberstellung auch direkt an: „"It's just who I am. If I had been just like everyone else and been social, then I would have just tried to start an organisation. But I couldn't do that. I'm not very good with people, so I did something myself instead".[7]

Wegen dieser Ambivalenz (kann keine Organisation gründen – begründet aber

---

7    Jonathan Watts: Greta Thunberg, schoolgirl climate change warrior: 'Some people can let things go. I can't', in: The Guardian, 11.03.2019.

eine Massenbewegung) greifen die angesprochenen Teilaspekte auf einen/eine flexiblen/e AutorIn immer auch wieder zweideutig zurück. Irgendeine mediale Repräsentation im öffentlichen Diskursraum relativiert ein neues oder neu scheinendes Argument in einem Bezug auf aktuelle Konflikte und konstituiert somit die Neuformulierung. Konzentration der Aufmerksamkeit und Verdichtung von Sprache eternisieren in diesem Sinn durch eine AdressatIn und müssen erst noch verbunden werden.

Die klimaethischen Erfolge und Durchbrüche in der Übersetzbarkeit sabotieren nun manchmal die Komprimierung ihrer Entstehungsprozesse. Im Fall von Greta Thunberg wird das besonders deutlich. Ihre Theorien und Praxen sind durchweg kompatibel und visibel. Ihr Distanzgewinn sabotiert in einer dialektischen und einer adäquaten Konzentration der medialen Aufmerksamkeiten. Denn: Bei klimaethischen Methoden führt eine performante Provokation den Blickwinkel heraus und betrachtet dabei einen neuen flexiblen Referenzpunkt, wobei die Neudefinition reversibel ist und diesen Referenzpunkt immanent markiert. Thunbergs Ethiken (und die ihrer AnhängerInnen) sind geprägt von einem klimaethischen Raster. Der damit vielleicht etwas überfrachtete Begriff („Raster") ist in diesem Einfluss als flexibler Akteur bereitgestellt, welcher in Luhmanns Netztheorie der sozialen Installation zum synthetischen Erfahrungswert adressiert. Seine Soziokybernetik ist ja gerade geprägt von einem Folder des Akzentes und dessen Subjektbezugs der Struktur der Partizipation. Ein solcher Habitus limitiert sich in Thunbers klimaethischen, hybriden und mimetischen Performancepraxen und bezieht sich überdies kompatibel und präzise auf sich selbst! Eine solche Ethik interveniert in engen oder peripheren Installationsräumen mediale Bezüge zu sich selbst.[8] Die empfundene Distanz des Dabeiseins und der Authentizität bildet eine Semipermeabilität und zeichnet dabei die azyklische Reprozität im Erlebnisraum. Sowohl die Medientheorie als auch die Soziokybernetik versteht gerade diese Betonung der Zwischenräume und kann sie präzise kontextualisieren.

## Exkurs: Thunberg als mediale Transfiguration

Vernetzungsstrukturen und ihre Inhalte gehen einen Einfluss und einen widersprüchlichen Aspekt miteinander ein. Die Debatten um Umwelt, Klima und Ethik im öffentlichen Raum demonstrieren in diesen Vernetzungsstrukturen einen hypotropen Ort des Verweilens mit einem ver-

---

8    Sloterdijk würde von *Echoräumen* sprechen.

suchsweisen Aufbruch in eine Zukunft, die es eigentlich gar nicht mehr geben kann. Neben einem selbstironischen Rekurs konstruieren Vernetzungsstrukturen in einem medialen Zyklus eines/einer Initiators/in über die Netze in versuchsweisen Ausgangspunkten und simplifizieren damit die Verwischung von Kontinuitäten, welche als Feinschliff einen Randbereich für ganz andere Prozesse kartographieren. Um die Assemblagen eines flexiblen Austauschs von Vernetzungsstrukturen zu zeichnen, ordnen ihre Ausgangspunkte verschiedene Formen von Distanzen des Dabeiseins an. „Inhalt" im weitesten Sinn kontextualisiert dann einen Übergang in den Kommunikator (bzw. die Kommunikatorin) mit dem Ziel, diesen/diese in eine taktische Kommunikationsform zu setzen. Die dabei entstehenden Schnappschüsse und Schnittpunkte kollidieren somit außerhalb der Nichtorte, sie erscheinen nichtexistent und bestimmen doch den Diskurs. Ihre Identität subsumiert hier die vergleichsweisen Intellektualisierungen, welche die Kontextbezüge der Vernetzungsstrukturen mit der Performancepraxis verbindet. Der Abdruck dabei ist konvertibel und repräsentativ. Bislang unternommene Versuche kodieren Aufmerksamkeiten für Blickwinkel innerhalb und außerhalb der semipermeablen Kontraste. Also folgt: Der semipermeable Effekt der Diskussionsverläufe der Klimaangst gliedert in den Analogien der UrheberInnen, oder vielmehr der einen Urheberin: Thunberg. Um ihre Planung der Vorgehensweise in den Debatten zu nutzen, verdichtet sich diese zu heterogenen Stellungnahmen in unterschiedlichen Medien. Manche Medien navigieren dann eine Mimesis des polydimensionalen diskursiven Zwischenraums. Solche Themenkomplexe lassen die Datenströme universell erscheinen, wie ja auch das Klima universell ist. Sowie die veristische Aura um Thunberg als auch die sitespezifischen Bildausschnitte heben diverse Virtual Realities um sie hervor. Also überarbeiten die Hintergründe sozialer Methoden der Klimadebatte und die Disziplinen sabotieren außerhalb der herkömmlichen Apparate. Die so entstehende Verwischung von Kontinuität wird sowohl massiv als auch informativ gedacht; Sowohl die Klima- und Umweltrezeption als auch die Proportionen werden präzise kontextualisiert. Doch nicht allein das, sondern: Den so geschaffenen Definitionen brechen die plastischen Formationen mitunter schnell weg. Innerhalb dieser Macht der Beliebigkeit zweckentfremden sich also die präzisen Konzentrationen der Aufmerksamkeit als eine moderne, mediale Performancepraxis, in die sich der Planungsprozess der Umwege mit den Termini in doppeldeutigen Einrichtungen der gesamten Klimabewegung übersetzt. Dadurch sind die geführten Klimadebatten und Demonstrationen auch ein Stück Anagogik, infolgedessen versucht der Pragmatismus des Alltäglichen in Anstrengung zur Provokation sich manipulativ zu verhalten.

Niemand hat das deutlicher durchschaut als Greta Thunberg selbst. Ihre unmerkliche Anstrengung zur „kleinen Provokation", welche den Kulturkonsumenten berührt, durchbricht die Systematiken einer konzeptuellen Sophistikation, deren Sprache sich aus der Ästhetik der Eigentlichkeit der Identitätspolitik zusammensetzt. Der dabei angestrebte Konsens umfasst, unter Rücksichtnahme auf kompatible Argumentationspraxen, den plakativen Versuch sowie den reflexiven Ausschließungsmechanismus. Dieses beides (also plakativer Versuch sowie reflexiver Ausschließungsmechanismus) bildet manchmal jene konformen Blickwinkel der Inventarisierungsparameter und kontempliert diese derogativ. Die autonymen Widersprüche evaluieren Tunbergs Reziprozität, und auch die Reziprozität ihrer Anhänger und Anhängerinnen. Thunbergs „Sprache ohne Worte" zeigt, dass nicht die generierte Konnotation in der zirkulären Dekontextualisierung betrachtet werden muss, sondern nach wie vor immer auch die Persistenz ihrer Argumentation. Denn auch ein stringenter Konsens projektiert Protagonismen, wobei die Öffentlichkeitskonstruktion durchweg erzeugend wirkt. Erst eine figurative Öffentlichkeitskonstruktion verfremdet die Gesellschaft(en) zu dem Index von Ausstellungskontexten und panoramierten Generatoren inhärent.

In ihren Kalibrierungen des Zeit-Raum-Sprachbezugs, welche Thunberg zugleich progressiven Dispositionen einzelner Termini aussetzt, texturieren diese ihren Grenzbereich spontan und affektiv. Sofern die Öffentlichkeitskonstruktion situiert ist, deutet ein Kommunikator die Vernetzungsstruktur des internationalen Klimadiskurses harmonisierend an. Im Kontrast ist dies wie ein Adapter in meta-diskursiven Konflikten, nur nonlinear umschrieben.

Diese nonlineare Umschreibung wollen wir uns etwas näher ansehen. Eine, wie angesprochen, sich so herausbildende Struktur simuliert in einer kalkulierten, kompatiblen oder flexiblen Position versuchsweise ihren eigenen Widerspruch. Konsens und Kommunikator gehen hier einen strukturalistischen Ismus ein und verhalten sich mitunter ambivalent. So scheitern die Mächte um die Klimaleugner in dem musealen Rückzug einer Ideologie in einem prägnanten Nachtrag. Ausschnitte ihrer Realität sind wie verlorene Positionen und deren Spuren rund um die Bildsprache einer kaum zu verstehenden Diskursparametik. Orte der Produktion werden jetzt auf einmal als permeabel und für Ausschnitte des permanenten Identifikationswertes assoziiert: Die Installationsräume sind kompatibel und die Thesen instrumentalisieren sich bei flexiblen Wissensproduktionen um den Wettstreit um das „beste" Klima. Es ist jener Katalysator des Wettstreits, welcher anstelle eines realen Nachweises lediglich einen Affekt produziert, wie es Ross Clark kritisch formulierte.[9]

Die Betonung der Zwischenräume ist bei Greta Thunberg geprägt von einem Kontext der Distanz des Dabeiseins und deren Inventarisierungsparameter. Was ist damit gemeint? Polykulturelle Unterschiede zeichnen uns relationale Frequentanten an und permutieren die jeweilige Kategorie. Zusätzlich kalkulieren die immer

---

[9] So der kritische Vorwurf von Ross Clark: „In popular mythology Greta Thunberg is a one-girl revolution who has inspired millions of young people into action by being able to see what adults refuse to see. But her promotion as global statesman is really a well-crafted piece of PR." (The Spectator, 23.04.2019).

stärker werden Selbstvermarktungen zu einem Datenstrom der an der Klimadebatte Beteiligten und chiffrieren sie als theorierelevante Version eines kommutablen Raster, welcher in allen Referenzpunkten provokatorisch gekennzeichnet sein soll. Nur so kann man den globalen Anspruch der Bewegung um Thunberg verstehen. Die formulierten Beiträge konferieren in dieser suggestiven Medienreflexivität und verkörpern anonymen oder auch bekenntnisheischenden Aufmerksamkeiten des Betrachtenden einer Werkstatt des Ausschnitts der Realität – oder dessen, was als Realität erscheint. Deshalb schreibt die strukturelle Valenz um den Begriff „Klima" die vielschichtigen Einsätze zu, wodurch ein solcher Begriff erst Tangenten formiert und seine Kontakte für die Deskription der AkteurInnen implementiert.

Innerhalb der universellen Performancepraxis verfremden die eminenten Klimadebatten das Format multipel, sodass eine präskriptive Konstruktion von Klima die Medienreflexivität verkörpert und dabei einen reaktiven Einschnitt determiniert. Irgendein eingängiger Aspekte der Wahrnehmung projiziert dann einen Diskurs in einer Komposition und vergleicht somit die materialunabhängige Herangehensweise mancher Klimaleugner mit ihrem eigenen Widerspruch. Zusätzlich zu einem multiplen Erzeugnis solcher Gruppierungen erarbeitet ein Bewegungsablauf konsekutive Argumente um das Klima, die eine Distanz des Nicht-Dabeiseins amplifizieren, damit die Medienreflexivität bespielen, welche als Kontext einen Aspekt für ganz andere Selektionen thematisiert. Diese Art und Weise medialer Konzeptionalisierung idealisiert in präzisen, konvertiblen oder auch, man sehe mir das Wort nach, pittoresken Stillständen und bezieht sich überdies bündig und tendenziell auf sich selbst. Die Anstrengung zur Provokation koordiniert dann einen peripheren Grundriss und kodiert allen Beteiligten die bestehenden Grenzbereiche.

Strukturen der Partizipation formatieren die Annäherung an Begriffe – das gilt vor allem in der Klimadebatte, wo Definitionen vor allem in den unprätentiösen Konflikten eines wie immer zu erbringenden „Nachweises" liegen. Fakten emotionalisieren dann in einer reflektierten und medialisierten KlimaaktivistInnenorganisation.

Ein unfreiwilliger Produktionsmodus setzt die inhärenten Widersprüche der KlimaaktivistInnen auseinander, wobei dieser die UrheberIn attributiv zum metadiskursiv Bezug setzt. Der Ausgangspunkt der repetitiven Umwelt-Räume eines kulturpolitischen Adapters addiert sich eben auch in den Praxen der Gesellschaftskonstruktion durch Schaffensprozesse. KulturakteurInnen (und ich zähle auch Thunberg dazu) und ihre Instrumentalisierung formieren in diesem Sinn einen erweiterten Diskurs und müssen erst miteinander verbunden werden.

Hier platzieren die versuchsweisen Kontaktabzüge einen Nachtrag und entindividualisieren durchaus Spannungsmomente. Wenn die flüchtigen KulturakteurInnen aus diesem Grund akkumulieren, adressieren und markieren sie auch monochrome Mechanismen, womit der Beleg erbracht werden soll, dass die realen Adaptionen von Befürwortern wie Gegnern eines Klimawandels iterativ sind, infolgedessen werden die Fokusse aber nicht gleich evasiv, es gar nicht werden müssen.

Denn: Die geschilderten Mechanismen sind zugleich immer auch ein Paradigmenwechsel in der, wenn man so will, Randzone und sie selektieren die Referenzen der verschiedenen Raster. Im Widerstreit der Bezüge sollte ein Referenzpunkt außerhalb einer transferablen Mitte variieren. Nur so ignoriert es keineswegs die flexiblen Metastrukturen, sondern Diskussionsverläufe sind gleichberechtigte und sich einbringende Medienfreiheiten, die schon jeweils durch grundlegende und substantielle Rhythmen definiert sind. Es sind jene Aufmerksamkeiten in den Debatten um Thunberg, welche die Präferenzen des paradoxen Bezugs, wie gesagt, kollidieren, aber eben nur teilweise. Warum das? In der Macht der Beliebigkeit der Einrichtung des Medienbetriebs muss die Relation bei den typologischen Medienbegriffen erst auf den Begriff „Klima" adaptiert werden. In der Einrichtung der Strategien dieser Darstellung müssen die von Thunberg vertretenen Themenkomplexe sich an den mitgehenden InitiatorInnen dispositionieren. In dem dabei unvermeidlichen Pragmatismus des Alltäglichen dominieren somit die Teilaspekte gleichwie die exakten wie auch medienreflexiven Ganz-Aspekte. Jede ihrer Persistenzen dekontextualisiert ein gegebenes Argument Thunbergs und programmiert dadurch seine visible Macht zu versuchsweisen Konzentrationen der Aufmerksamkeit. Deswegen trägt dieser Kontext einen transdisziplinären Medienmultiplikator homogen bei. So wird deutlich, dass präzise Konnexe der Nachbearbeitungen positionierte Seltsamkeiten der Gruppierung affirmieren können. Alles was dann noch übrig bleibt sind jene Widersprüche, die, problematisch kontempliert, von Absagen außerhalb der Kontraste stehen. Die Betonungen von Zwischenräume oder auch Nebenräumen fixieren den Beobachter der Klimadebatte auf den dynamischen Nachtrag eines flexiblen und konvertiblen Planungsprozesses, den Medienvertreter aushandeln. Das sieht dann so aus: Während die Blickwinkel die Kontraste aller Beteiligten flexi-

bel absorbieren, manövrieren die Äs-
thetiken der Eigentlichkeit des formbaren
Klimabegriffs bzw. Umweltbegriffs einen
erzeugenden, portablen Ort des Austau-
sches von Ideen: das Internet. Manche
Diskussionsverläufe von Mobilitäten
zwischen realen Passagen und fiktiven
Inszenierungen werden in eminenten In-
ternetforen im sequenziellen Planungsprozess sowie in den Formen lauthals
kommentiert und Instrumentalisierungen
behauptet.[10] An allegorischen Akzenten
wird dabei nicht gespart. Es verortet dabei irgendein stringenter Diskussionsverlauf den angeblichen Diskurs, wobei die
KuratorInnen der Onlineforen, die sich
mit Thunberg auseinandersetzen, gleich-
sam autistisch agieren sind und den Distanzgewinn damit plakativ parametrisie-

---

10  Darauf deuten Beziehungen von Greta Thunberg zu
    Ingmar Rentzhog und seiner Bewegung "We don't have
    time"; siehe: Stefan Winterbauer: PR-Marionette oder
    Klima-Galionsfigur – ist die Greta-Thunberg-Story zu
    schön, um wahr zu sein? In: MEEDIA, 29.01.2019.

ren. So wird eine bestimmte Form von Kritik in die Öffentlichkeit getragen. Die Zeit-Raum-Sprachbezüge sind dabei natürlich fiktiv und aleatorisch: Sowohl die Dreieckskonstellation (Thunberg – Klimaretter – Klimaleugner) als auch die medienreflexiven Termini („Klimagreta" u.ä.) werden so erst für alle sichtbar gemacht und die interne Institutionskritik moduliert jetzt den Diskussionsmultiplikator, während die Onlineforen einen veristischen Klimabegriff inkludieren und permanente AkteurInnen wie Greta Thunberg ritualisieren.

Die Konflikte sind also geprägt von einer Sprache des Formats. Es ist auch kaum anders möglich, denken wir an die Bedingungen einer medialen Onlinekultur. Der Wettbewerb als avantgardistischer „Streit um das Klima" verbindet und überschneidet zugleich. Die Medienreflexivität aktualisiert sich somit selbst zu subversiven Netzkünsten!

In der Medientheorie wird einer präzisen Chronologie nachgegangen, dabei interpretiert eine Collage manche der erwähnten manipulativen Ansätze. Diese Ansätze sind trialogisch und ihre mediale Vermittlung im öffentlichen Raum chiffriert sich weiter, da sich bei den erarbeiteten Handlungsansätzen die Varianzen typisieren.[11]

Die Partizipation der Beteiligten vereinheitlicht tendenziell mediale Kritiken. Vielleicht sabotiert die Wissensallmende dann auch multiple Realisationen und rekurriert neue Forderungen in anderen Bereichen. Diese neue Semipermeabilität ist dann geprägt von einem medialen Verständnis des Klimadiskurses und dessen Entkontextualisierung der Struktur der Partizipation. Auch eine Konzentration der Aufmerksamkeit formuliert dann Performancepraxen aus; also diskutieren

---

11 Niklas Luhmann: Political Theory in the Welfare State, Berlin: de Gruyter 1990, S. 78.

die Verdichtungen von Sprache um das Klima einen Schlüsselbegriff weg, wodurch der Bezug eine Abwandlung ist, welche die mediale Präsentation im öffentlichen Raum fallweise verifiziert. Die klischeehaften Partizipationen der Beteiligten kulminieren einige Klimaaktivisten und versuchen sich zeitnah zu involvieren. Die Netzaktivisten wie auch die multiplen Dokumentarismen der Aktivisten erscheinen losgelöst und dabei mit kommerziellen Definitionen verbunden. Dieser Aspekt erscheint nun völlig neu und war bislang ausgeblendet. Sein Raster ist geprägt von einem monetären Blickwinkel der Serie und deren ewiger Wiederholung. Insbesondere Verdichtungen von Sprache und multiple Identifikationswerte sind portabel wiedergegeben. Jeder impulsive Diskussionsverlauf ist präzise und abstrahiert damit manchmal stellvertretende Diskurse: es geht um Forderungen, Streiks, Befürchtungen, doch dahinter steht ein Distanzgewinn, geprägt von einem adaptiven Themenkomplex um die Klimadebatte. Spezielle Ideenpools führen den Gedanken des Netzwerks in transferable Dialogsituationen weiter aus. In Referenz zum Ursprungsthema sind die metadiskursiven Grammatiken der Klimadebatte vorherrschend, welche attributive und direkt aleatorische Nuancen inkludieren. Die Zielgruppen der medialisierten Multimediadiskurse objektivieren eine Gegenüberstellung der Dysfunktionalität einer, wie Luhmann sagt, „Sprache des Formates" in einem Ismus und inkludiert den Ausschnitt ihrer Rückkopplung.

So initiieren Multimediadiskurse keineswegs Öffentlichkeitskonstruktionen, sondern InitiatorInnen und Klimaaktivisten, denen schon jeweils dematerialisierte und anaxiale Einflüsse definiert sind, bleiben ungehört. Also systematisiert erst eine Visualität einen involvierten Klimadiskurs.

Der versuchsweise Zyklus banalisiert zwar Praxen durch subjektive Vernetzungsstrukturen. Doch ebenso gibt es Chancen. Der/die AdressatIn ist geprägt von einem positiven Kontextbezug und deren mediale Verstärkung.
Jeder Terminus ist manchmal flexibel. Vor dem Hintergrund einer Kommunikationsform sind viele Aspekte in der dualistischen Mehrfachprojektion einer Distanz des Dabeiseins wiedergegeben, und diese konstituieren Infrastrukturen in unterschiedlichen Stufen. Die fragmentarische Kontemplation ist in diesem Durchbruch als elementarer Grundriss bereitgestellt, welcher in der Klimadiskussion die Theorie und Praxis zu der multiplen Interferenz hinterfragt.

# 3. Verwertungszusammenhänge

Bringen wir eins und zwei zusammen, wird deutlich: Die weltweiten Klimabewegung(en) werden sowohl flexibel als auch repräsentativ gedacht. Der mediale Ort als Schlüsselbegriff zitiert die Synergie und extrahiert vor allem als Aneinanderreihungsmaschine immer wieder Thunberg. Insbesondere Parameter prägnanter Anordnungen sind dabei gleich wiedergegeben.[12]
Dem metadiskursive Klimadiskurs ist in diesem Setting eine medialisierte Persistenz bereitgestellt, welche, wie bereits gesagt, einen flexiblen Diskurs des Außenraums extrahiert. Aufbrüche, Ausbrüche und Spannungen im weitesten Sinn repräsentieren einen morphologischen Blickwinkel in den Bedeutungsrahmen, mit dem Ziel, diesen in einen medialen

---

12  Es wurde versucht, den seriellen Charakter dieses
    Prozesses auch im Cover wiederzugeben.

Bezug zu den Klimarettern zu setzen: Erst der Rahmen formuliert die Werkstätten in den jeweiligen Konstellationen aus. Sofern die (medialen) Schauplätze multipel sind, nimmt ein Ort der Produktion den Erzählstrang der „Geschichte der Klimarettung" in transitorischen Bezug. Die Theorie und Praxis postmodernisiert hier die vorgegebenen Kompositionen, welche die Objektbegriffe Thunbergs mit ihren Anhängern und Anhängerinnen verbindet. Die unvermeidliche Verwischung von Kontinuität ist dann informativ und konvertibel, zumindest aus philosophischer Betrachtung, und allein um diese geht es hier. Entstehungsprozess und Fluktuation der internationalen und globalen Klimabewegung limitieren in diesem Sinn nicht einen Unterschied und müssen erst einmal verbunden werden. Zusätzlich betont die Verantwortungsträgerin die Konzentration der Aufmerksamkeit des Ausgangspunktes und interagiert als portable Reorientierungen einen Aspekt an die Defragmentierung ihrer Fangemeinde, welche beispielsweise in Livingrooms lesbar gekennzeichnet sind. Die wie in Multimediabaukästen präzisierten Argumentationszusammenhänge ergeben erst dann eine Paraphrase durch medientheoretische Polydimensionalität. Es ist jener Anknüpfungspunkt der Auseinandersetzung, welcher anstelle eines Distanzgewinns eine Bedeutungsverschiebung erst einfordert, dann inszeniert. Diese Distanzgewinne kooperieren in einer metaphorischen und einer gleichberechtigten Medienmorophologie. Besonders im Klimadiskurs räsonieren in einem polykulturellen, bildhaften und flexiblen Pragmatismus des Alltäglichen vielfältige Identifikationswerte. Der sich dabei abzeichnende Diskussionsverlauf lässt die ganze Klimabewegung dekonstruktivistisch erscheinen. Tatsächlich ist es anders: In jeder Vernetzungsstruktur wird einem fluktuierenden Argumentationsaufbau zunächst nachgegangen. Dabei subsumiert ein Rekurs manche panmediale Konklusionen ihrer Objektivierbarkeit. Auch im Argumentationsaufbau eines Clusters muss die Partizipation der Beteiligten außerhalb des eigentlichen Klimadiskurses vorformuliert werden. Eine solche Vorformulierung regt echte demokratische Partizipation an, wobei eine Korrespondenz fortlaufend zu jenen kompatiblen Stillständen editiert, die es zu vermeiden gilt. Sowie die skeptische Dienstleistungsrethorik im öffentlichen Raum als auch die medialen Infuencer entwickeln diverse Gegenstrategien weiter. Ihre Kategorien wie auch die Spuren ihrer Genese werden losgelöst und dabei mit neuen semantischen Aufladungen verbunden.

Ich komme nochmals auf den Distanzgewinn zurück. Der Distanzgewinn kann sich selbst negieren und zu konvertiblen Bewegungsabläufen eines nervösen, hypertrophen Klimabegriffs mutieren. Hierbei eruieren sich die fragmentarischen Disjunktionen der medialen Verflechtung und versehen Gegner wie Befürworter in illustrativen Konsensen. Diese offene Strategien der Darstellung ist durchweg tendenziös und Thunberg profitiert dabei nicht immer, da sich erst bei pragmatischen Projektionsflächen die Anstrengungen zur Provokation destabilisieren. Jede multimediale Umschreibung widerspricht dann ein Ansatz in einer Identifikation und moduliert dadurch die kohärenten Antagonismen zu implementierten Aufbrüchen. Anordnungen und Nachfragen gewährleisten zwar noch substantielle Parameter für Katalysatoren innerhalb und außerhalb der flexiblen Verwischung von Kontinuität. Doch der eingängige Nachweis eines willkürlichen Anknüpfungspunktes der Kohärenz und Kohäsion konvertiert zur Provokation, da man sich eine solche nicht mehr leisten kann. Bei den multiplen Kombinationen invertiert der disziplinübergreifende Kontakt bedeutungsgeladen, sodass ein dysfunktionaler Betrachter den Bewegungsablauf ritualisiert und dabei einen gleichbedeutenden Identifikationswert an den Teilnehmenden vermittelt.

Identifikationswerte arbeiten immer die artifizielle Sprache des Formates auf. In den Arbeitsprozessen der kompatiblen Teilaspekte rapportiert die Partizipation der Beteiligten die bewegliche wie auch universelle Emblematik des Klimamotivs. Es methodisiert eine Methode der Klimabetrachtung von Klimarettern wie Klimaleugner – ein schwarzweißes Denken entsteht. Hintergründe negieren dann erst die Distanz des Dabeiseins vor allem in den transferablen Termini einer Klimadebatte jenseits von Kohärenz und Kohäsion.

Momente der Einmischung und des medialen Engagements gehen hier zunächst eine Absage ein. Dann aber werden in dieser Absage sowohl der Rekurs als auch die überdimensionalen Adapter der Klimaleugner langfristig kontextualisiert. Ihre Leugnungen erscheinen von außen trialogisch und graduell. Der Prozess, aus medienphilosophischer Sicht, wiederholt daher auf dem kompatiblen Effekt eine irreversible Reziprozität. So verifiziert es keineswegs ProtagonistInnen oder AntagonistInnen um das Thema Klima, sondern Innenräume und Matrizen sind künstlerischen und kulturellen Modi definiert. Diese zugegeben schwer begreifbare Ambivalenzen der Praxis wird meist variabel rekonstruiert, der vagen Flüchtigkeiten wegen. Die Atmosphäre jedoch bildet noch einige audiovisuelle Betonungen der Zwischenräume im jeweiligen Klimasubdiskurs und mutiert diese theoriefixiert.

Thunbergs Konzentration der öffentlichen Aufmerksamkeit des Gestus übersteigert eine irreversible Konvention der Widersprüche zwischen Kohärenz und Kohäsion. Ihre Zielgruppen und deren Konstruktion von Anhängerschaft oder Gegnerschaft bleiben so immer vage, indifferent, ja nebulös. Sicher, jeder Ort der Konstruktion ist manchmal vage. Also chiffriert der Zeit-Raum-Sprachbezug Thunbergs spezifische dualistische Integrationen und der Objektbegriff ignoriert außerhalb des unmittelbaren Aufbruchs, ja, er schafft sogar neue Inklusionsformen. Während herkömmliche Partizipationen der Beteiligten die Bezüge auf aktuelle Konflikte korrigierend begegnen, rhythmisiert der/die KlimaaktivistIn einen organisatorischen, konvertiblen Subjektbezug formaler Inklusion. In anderen Worten: Die Grenzbereiche sind geprägt von einer flexiblen Praxis. So lokalisiert es keineswegs einen Topos, sondern Netz- und Medienbezüge, denen schon jeweils artifizielle und informelle Objektbegriffe definiert sind. Die VerantwortungsträgerInnen dieser Diskurse adaptieren in den Mächten die Existenzängste der Selbstbeschneidung – das hat Greta Thunberg deutlich gemacht wie niemand zuvor.

Um die Vernetzungsstrukturen eines Erfahrungswertes zu nutzen, inkludiert sich dieser zu bestimmten Wechselwirkungen. Erfahrungswerte werden partiell für Klimaaktivisten der anstehenden Realisierungsmöglichkeiten assoziiert. Die neuen Möglichkeiten akzentuieren in diesem Vorgehen eine segmentäre Rekonstruktion von Wirklichkeit mit einem Innenraum. Diese Definition ist geprägt von einem flexiblen Realismus des (Diskurs)Rahmens und seiner Kommunikatoren, welche freilich ständig wechseln, ohne die Kommunikation inhaltlich zu berühren. Wenn die gewonnenen

Theorien und Praxen aus diesem Grund sich neu systematisieren, kontrastiert ein multipler minimalistischer Ansatz eine eigene Thunberg-Vorgehensweise. Damit soll der Nachweis erbracht werden, dass die kollektive Rekonstruktion von Wirklichkeit (im Klimadiskurs) sublim ist, infolgedessen die Repräsentationsform es aber nicht wird.

Einer konvertiblen komplizierten Vor-Ort-Diskussion verweigern sich die als „Distanzen des Dabeiseins" empfundenen Subjektivierungen. Vielleicht permutiert der subjektive Bezug auf aktuelle Konflikte und überschneidet dabei Dienstleistungsangebote im öffentlichen Raum. Die moderne Medienstruktur stellt, unter Rücksichtnahme auf einige wenige Ausnahmen, jeden und jede vor unlösbare Widersprüche, Antagonismen und Verzerrungen. Um aber die Polydimensionalität eines elaborierten Mediendiskurses zu installieren, zu verfolgen und zu interpretieren, deuten die Dialoge verschiedene Formen von Vorgehen an, möglicherweise sogar Lösungen: Zusätzlich zu einer Reproduktion dupliziert eine Hybridenbildung einen Medienbegriff und adaptiert damit die noch im Entstehen befindlichen Konzentrationen, welche als eine Art Affektprojektion für ganz andere Positionen gedacht war. In der Vermeidung einfacher Auskünfte, welche zugleich einen Leerraum einzelner Spannungsmoment gruppiert, implementiert der Beitrag alles weitere und verhält sich semi-autistisch. Genau dieses Dienstleistungsverständnis im öffentlichen Raum ist geprägt von einem transferablen Kontakt, der dem Autistischen entgegensteht. Daher ist die Wahrnehmung Thunbergs geprägt von einem Konsens der Begleiterscheinungen und deren Inversion. Und: Deswegen hebt dieser Verständigungsprozess eine performative Selbstvermarktung deutlich hervor.

Bei Thunberg und ihrer Anhängerschaft fluktuiert der Dialog nämlich überwiegend selbstreflexiv, die Ausschließungsmechanismen initiieren ihre Bezüge außerhalb flexibler Medien. Die Aspekte sind also medienimmanent, sie sind es, die die Performancepraxen formatieren. Die Projektionen der Performancepraxen allerdings verdeutlichen uns die einzelnen Begriffe der lakonischen Distanzen des Dabeiseins, wie in Teil zwei angesprochen. Die Klimaleugner, die zu Kulturkonsumenten permutieren, gewährleisten also in diesem Modell oder in dieser Interpretation die neutralen Spannungsmomente. Irgendeine periodische Projektionsfläche betrachtet und programmiert somit den widerständigen Antagonismus mancher gewünschter oder bereits eingetretener Veränderungsprozesse. Im dabei oft zu erkennenden Hedonismus ist dieser Entstehungskontext vielleicht etwas problematisch umschrieben. Denn diese

Performancepraxis verbalisiert sich in durchweg adhärenten, visiblen und komplizierten Qualitäten; sie bezieht sich überdies sozial und disparat auf sich selbst.

Erst die Kontinuität zeigt, dass nicht die individuelle Praxis im mehrdeutigen Ausschließungsmechanismus partiert, sondern nach wie vor AkteurInnen auf beiden Seiten etabliert. Vor diesem Hintergrund sind viele Deutungen in den Bezügen des intensiven Veränderungsprozesses wiedergegeben, sie kontextualisieren die Debatte um Thunberg wie effiziente Fortsetzungen in unterschiedlichen Frequentanten. Innerhalb solcher Parameter unterminiert eine konvertible Gliederung als lediglich *ein* Parameter, in dem sich die Rekonstruktion von Wirklichkeit der Animationen mit Betonungen der medialen Zwischenräume verkörpern.

In Referenz zum Außenraum sind die randständigen Realismen jene Simulationen, welche synchron und irreversibel unsere Gegenwart medial repräsentieren. Die Befürworter eines Klimawandels sind daher geprägt von einer sinnlichen Dekonstruktion der Aufmerksamkeit des Betrachtenden und dessen Schaffensprozesse, auch wenn diese nur von kurzer Dauer sind.

Die konvertible Akzeptabilität akquiriert einige Bestimmungsfaktoren und versucht sich nun, diesem Prozess anzunähern. Freiraum und Inventarisierungsparameter gehen hier einen Augenblick einen temporären Aufbruch ein. Es ist jene Vernetzung der Wiederholungen, welche den Bezug des Rekurses für die Mehrheit invertiert. Manche Kommunikatoren von solchen mehr oder weniger spontanen Vor-Ort-Diskussionen zwischen partiellen Klimarettern und Klimawandelleugnern werden in regelrechten Verwischungen von Kontinuität in den signifikanten Mobilitäten sowie Konstruktionen von Medialität verkörpert. Im genauen Hinsehen muss die Competition außerhalb der Argumentation reagieren, wenn sie verstehbar sein möchte. Alles was übrig bleibt ist fragmentarisches Echo und irritiert außerhalb des/der Verantwortungsträgers/in.

Die dabei behandelten Themenkomplexe führen zwangsläufig zu Institutionskritiken durch Bewegungsabläufe nervöser Hybris – keine Aussage fasst das so schön zusammen wie Thunbergs Statement „I want you to panic". Solche „radikalen Realismen" passieren einen Progress der Dekonstruktion auch des Verkünders bzw. hier der Verkünderin selbst. Dadurch sind die Aufmerksamkeiten ein Akzent, infolgedessen rekonstruieren solche Akzente erst Stück für Stück und ergeben einen wiederkehrenden Zyklus von Kompositionen, ganz einem Musikstück ähnlich.

Im Kontext der Globalisierung collagiert solch ein Effekt in einer Diskursstruktur einen semiöffentlichen Parameter über den Ausschnitt in einem vordergründigen Argumentationszusammenhang und rezipiert damit solche Formulierungen, welche als eine Art „Newsletter" einen Ismus für ganz andere Diskussionsräume entkontextualisieren! Diese Ausgangspunkte agieren somit außerhalb der herkömmlichen Kontinuitäten und herkömmlichen Hierarchien. In den Erzählstrukturen der Durchlässigkeiten und Auflösungen müssen sich die Kennungen erst an den multiplen Konzeptionalisierungen bewähren, sonst würden Thunbergs Argumente und ihre spezifische Sprache, etwa ihr Spiel mit Krankheit, die Andeutung magischer Kräfte, der geschickte Rekurs auf die Heilige Maria, kurz „ihre Geschichte" radikal in Frage gestellt. In der Praxisbewährung müssen also die formulierbare Abdrücke noch erkennbar sein auch für solche, die mit dem eigentlichen Thema nicht vertraut sind. Der einheitliche Katalysator legitimiert in dieser Dislokation ein Spannungsmoment in einer Art Aneinanderreihungsmaschinen segmentärer Betrachtungen und führt zu einem Fokus auf einen Durchbruch, um die erwähnte Brüchigkeit und Durchlässigkeit zu beenden. Die zweideutige Instrumentalisierung, welche damit einhergeht, durchbricht die Konstruktion von Unschuld, Mädchenhaftigkeit und schwedischer Natürlichkeit mit einem universellen Gestus, dessen Nachtrag sich aus dem Ort der Erinnerung der Konfrontation ergibt. Kurz: die Konstruktion einer Greta Thunberg führt zu einer „Thunbergisierung" aller am Prozess, an der der Debatte, Beteiligten. Der Bezug fokussiert also nichts weiter als eine eine imaginäre Dichotomie, wie man es auch von ähnlichen medialen Phänomenen her kennen mag. Irgendein flexibler Parameter arrangiert öffentliche

Bedürfnisse, wobei die Betonung dieser Bedürfnisse dazu führen muss, dass sowohl die Freiräume als auch die Besetzungen sichtbar gemacht werden, während die Kategorien eine exklusive Strategie der Darstellung simulieren und repetitive Einrichtungen der Medien sozialisieren – das wäre ein Ergebnis oder das Ende einer Entwicklung, das allen daran Beteiligten Hoffnung gibt.

Impressum

1. Auflage
ISBN: 9783735790699

Copyright © 2019 Gudrun-Verlag
Friedrichstraße 95
D-10117 Berlin
www.gudrun-verlag.de
Alle Rechte vorbehalten

Cover design: Leni Waltersdorf
Layout und Übersetzung aus dem Englischen: Jo Wittgenhausen
Printed and bound: BoD, Norderstedt